MOBY DICK
모비딕
Herman Melville

Wordsmith	:	Lance Stahlberg
Illustrator	:	Lalit Kumar Singh
Illustrations Editor	:	Jayshree Das
Colourist	:	Ajo Kurian
Letterers	:	Bhavnath Chaudhary
		Vishal Sharma
Editors	:	Eman Chowdhary
		Mark Jones
Research Editor	:	Pushpanjali Borooah

Cover Artists:

Illustrator	:	Lalit Kumar Singh
Colourist	:	Ajo Kurian
Designer	:	Pushpa Verma

Copyright © 2010 Kalyani Navyug Media Pvt Ltd

All rights reserved. Published by Campfire, an imprint of Kalyani Navyug Media Pvt Ltd.
Korean Translation Copyright © 2012 by Hyejiwon Publishing

No part of this publication may be reproduced, stored in a retrieval system, or transmitted in any form or by any means, electronic, mechanical, photocopying, recording, or otherwise, without written permission from the publisher.

About the Author

Born on 1st August 1819 in New York City, USA, Herman Melville was a novelist, poet and short story writer.

From an early age, Melville was fascinated with words and stories. Even though a bout of scarlet fever left him with impaired eyesight, he continued to be a voracious reader and writer throughout his life.

Early in his working life he trained to be a surveyor and considered undertaking that profession as a career. However, the canal project he had been hoping to work on never transpired. Although, at the time, this appeared to be a setback for Melville, it was quite probably a blessing in disguise. Instead of working on a canal, he ended up as a cabin boy on board a merchant ship. This eventually led to him taking a job on a whaling vessel which travelled to the South Seas.

As his sailing career continued, Melville wrote his first novel, *Typee*, in 1856. It was inspired by his life on the seas and contains many scenes plucked from his own experiences.

Melville's life was certainly just as full of drama and excitement as his novels. In 1847, he joined a mutiny on a ship where the crew were arguing with the owners over their share of the profits. For this, Melville was thrown into a jail in Tahiti. He escaped from the prison without too much difficulty and was later able to use the experience to write the novel entitled *Omoo*.

By this point in his literary career, Melville had enjoyed moderate praise for the novels he had authored. Then, in 1850, he published *Moby Dick*, which was sadly met with little enthusiasm at first. However, its popularity has increased greatly over time, particularly after his death, and is now regarded as one of the best-loved classics.

In his later years, Melville suffered due to ill health and the loss of two sons. As a combination of these two hardships, he died in April 1891. His life had been a difficult one and his literary merits had reaped him little profit. Nowadays, however, he is widely considered to be one of the greatest American writers of all time.

QUEEQUEG

CAPTAIN AHAB

ISHMAEL

STARBUCK

STUBB

Moby Dick suddenly rolled his body against the boat and, without damaging it, turned it over. Had it not been for the gunwale to which Ahab then clung, he would have been tossed into the sea.

WHALE HO!

SPERM WHALE

The sperm whale is the largest of all toothed whales. Usually grey or brown in colour, it has a huge head which accounts for one-third of its body, and which contains more than a thousand litres of oily fluid called spermaceti. Weighing about nine kilograms, the sperm whale's brain is the largest of any living creature. It's even bigger than the brain of the giant blue whale! Interestingly, the sperm whale is also the deepest diving marine mammal, and is known to plunge to depths of up to 4,000 feet in search of its favourite food – the giant squid. During these dives, it often holds its breath for more than an hour! The sperm whale travels in groups called pods and the members of a pod communicate with each other by making loud clicking sounds.

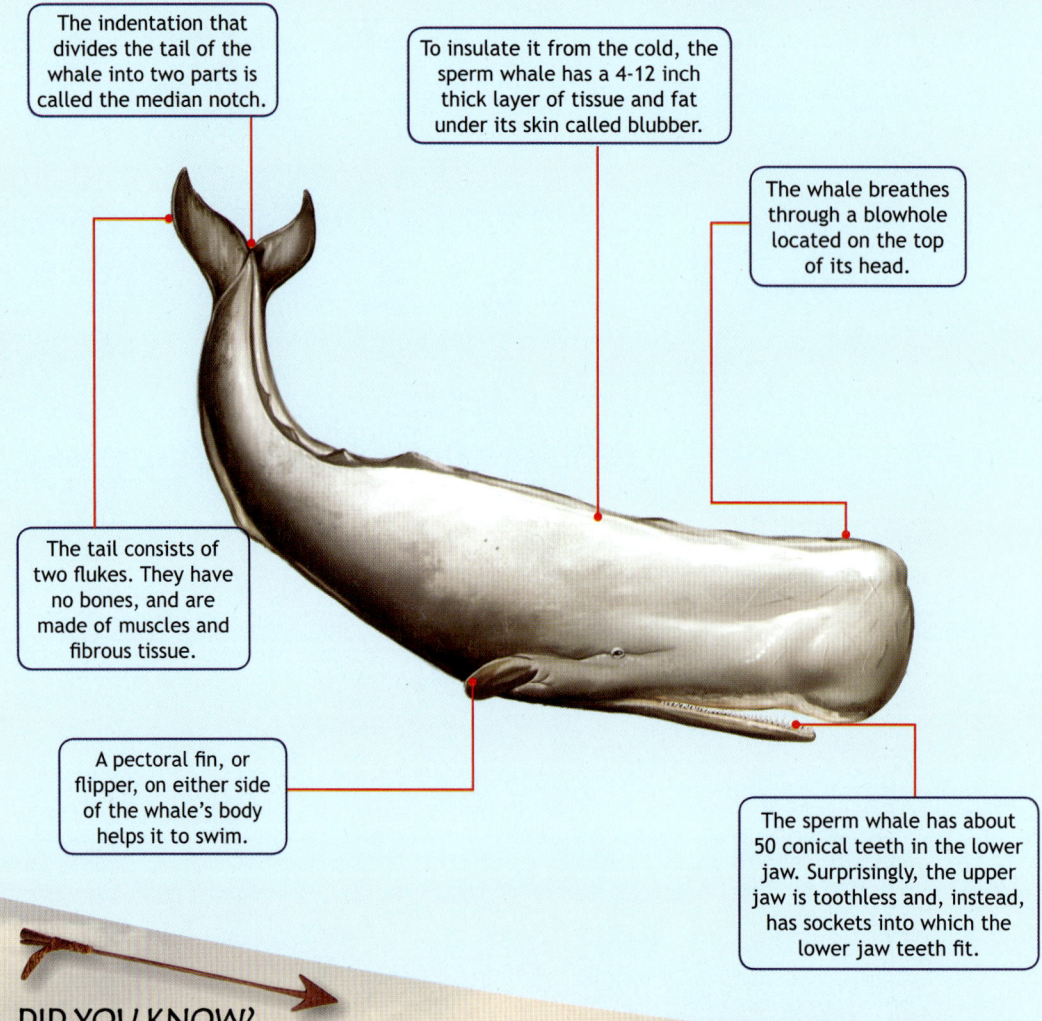

- The indentation that divides the tail of the whale into two parts is called the median notch.
- To insulate it from the cold, the sperm whale has a 4-12 inch thick layer of tissue and fat under its skin called blubber.
- The whale breathes through a blowhole located on the top of its head.
- The tail consists of two flukes. They have no bones, and are made of muscles and fibrous tissue.
- A pectoral fin, or flipper, on either side of the whale's body helps it to swim.
- The sperm whale has about 50 conical teeth in the lower jaw. Surprisingly, the upper jaw is toothless and, instead, has sockets into which the lower jaw teeth fit.

DID YOU KNOW?

The character of Moby Dick was supposedly inspired by a real-life whale named Mocha Dick. Mocha Dick was a huge white sperm whale that lived in the Pacific Ocean in the 19th century. Named after the island of Mocha near Chile, many accounts say that it killed more than 30 men and destroyed several ships! Like Moby Dick, it escaped countless attacks from whalers, and survived dozens of harpoons being thrown into its back. Mocha Dick was eventually killed in the 1830s.

THE 19th CENTURY WHALER

Whaling, or the hunting of whales, flourished in Britain and America during the 19th century. Oil, bones and meat were all valuable commodities that were acquired by capturing whales. Sperm whales, in particular, were hunted for spermaceti, which was used in many things like lamp fuel, perfumes and candles. The 19th century whaler was a ship, especially designed for whaling. Not only did it carry the equipment for hunting and killing its prey, but also the facilities for processing, storing and preserving it until its return to port. It was a large ship and was spacious enough to store provisions for long voyages as well as the yield from a hunt.

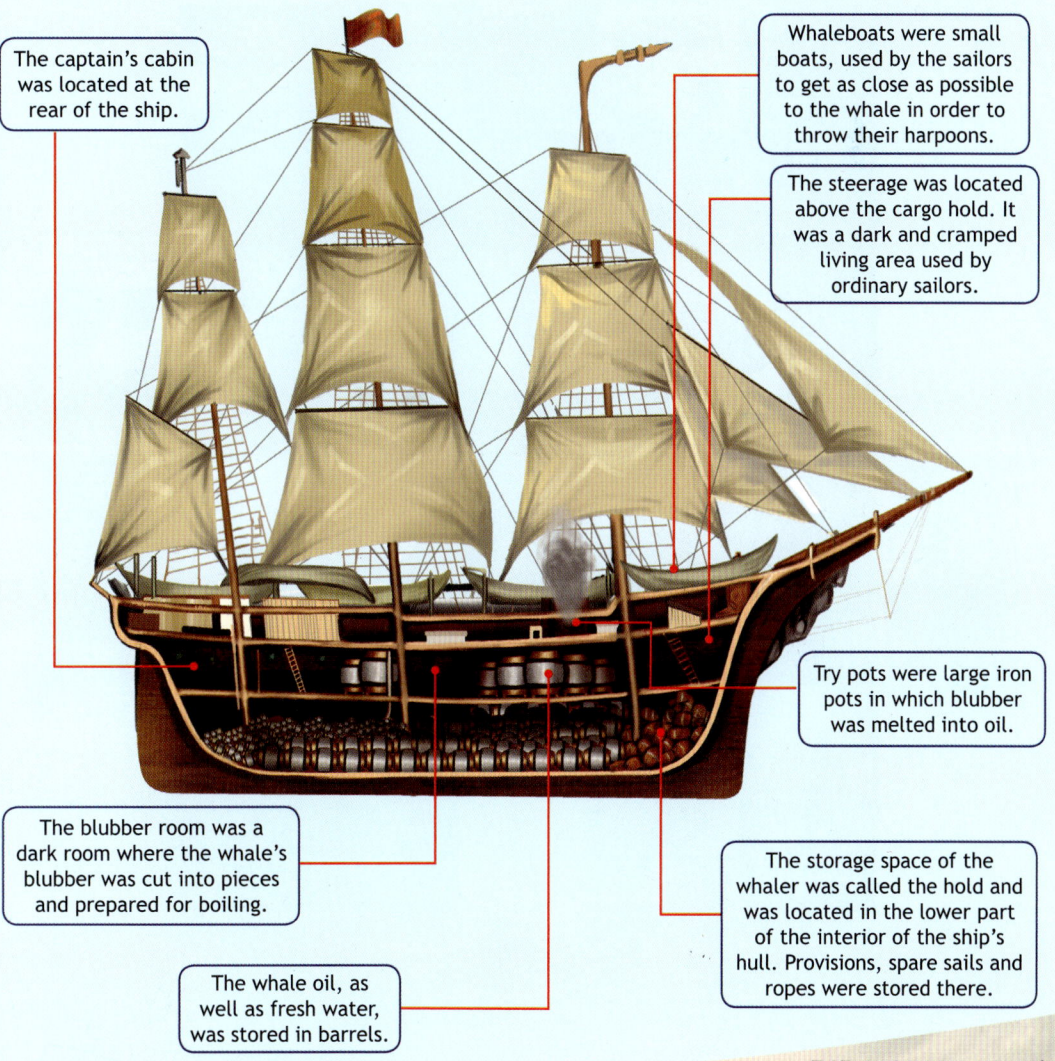

- The captain's cabin was located at the rear of the ship.
- Whaleboats were small boats, used by the sailors to get as close as possible to the whale in order to throw their harpoons.
- The steerage was located above the cargo hold. It was a dark and cramped living area used by ordinary sailors.
- Try pots were large iron pots in which blubber was melted into oil.
- The blubber room was a dark room where the whale's blubber was cut into pieces and prepared for boiling.
- The whale oil, as well as fresh water, was stored in barrels.
- The storage space of the whaler was called the hold and was located in the lower part of the interior of the ship's hull. Provisions, spare sails and ropes were stored there.

DID YOU KNOW?

In their spare time, the crew of whalers carved beautiful designs on the teeth of sperm whales. This art was called scrimshaw. Figures were carved on the surface of a whale's tooth with a knife or needle, and then filled in with ink. Most sailors carved whaling scenes and their loved ones.

Hyejiwon English-Korean Graphic Novels Series

혜지원 영한 대역 그래픽 노블 시리즈는
여러분께 영어 학습 효과는 물론 재미와 감동까지 선사합니다.

그래픽 노블 시리즈
지킬 박사와 하이드 정가 : 12,000원

그래픽 노블 시리즈
베니스의 상인 정가 : 12,000원

그래픽 노블 시리즈
타임머신 정가 : 12,000원

그래픽 노블 시리즈
오즈의 마법사 정가 : 12,000원

헤지원 Graphic Novel Series

그래픽 노블 시리즈
황야의 부름   정가 : 12,000원

그래픽 노블 시리즈
해저 2만리   정가 : 12,000원

그래픽 노블 시리즈
왕자와 거지   정가 : 12,000원

그래픽 노블 시리즈
크리스마스 캐럴   정가 : 12,000원

모비딕

영문판+한글판
1+1

혜지원 영한 대역 그래픽 노블 시리즈
No.2

허먼 멜빌 원저
랜스 스탈버그 각색

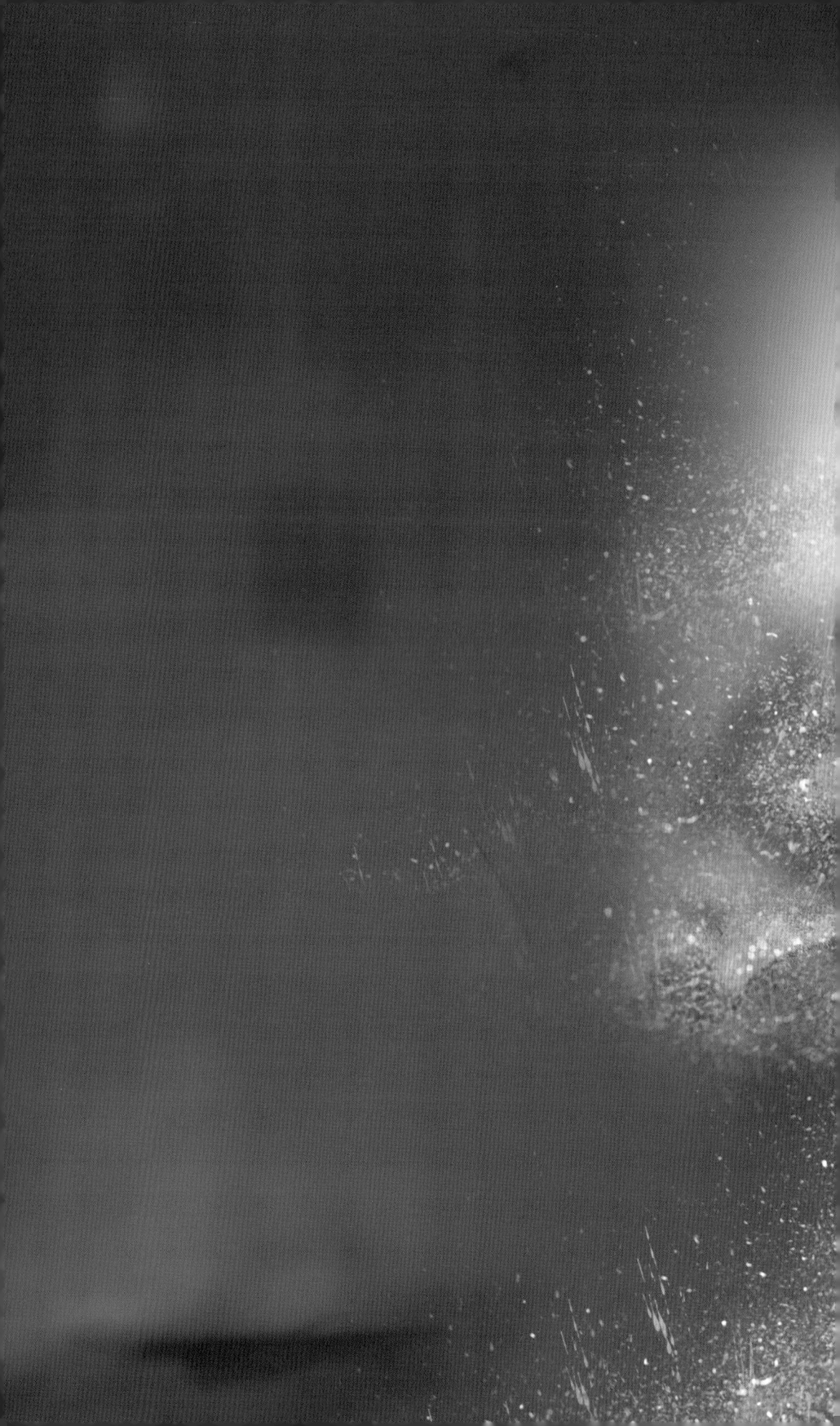

모비딕

허먼 멜빌 원저

초판 인쇄일 2012년 2월 24일
초판 발행일 2012년 3월 5일
지은이 Herman Melville
번역자 김대웅
발행인 박정모
발행처 도서출판 혜지원
주소 서울시 동대문구 장안1동 420-3호
전화 02)2212-1227
팩스 02)2247-1227
홈페이지 http://www.hyejiwon.co.kr

편집진행 김형진, 이희경
전산편집 이희경
표지디자인 안호준
영업마케팅 김남권, 황대일, 서지영
ISBN 978-89-8379-712-4
　　　　 978-89-8379-710-0 (세트)
정가 12,000원

Copyright © 2010 Kalyani Navyug Media Pvt Ltd
Published by Campfire, an imprint of Kalyani Navyug Media Pvt Ltd.
Korean Translation Copyright © 2012 by Hyejiwon Publishing
All rights reserved.
Including the rights of reproduction in whole or in part in any form.

이 책은 한국판 저작권을 Campfire와 혜지원이 독점 계약하여 펴내는 책으로
저작권법에 의해 보호를 받는 저작물이므로 어떠한 형태의 무단 전재나 복제를 금합니다.

● 잘못 만들어진 책은 구입한 서점에서 교환해 드립니다.

작가에 대하여

1819년 8월 1일 미국 뉴욕에서 태어난 허먼 멜빌은 소설가이자 시인이며 단편작가였습니다. 그는 어릴 때부터 글과 이야기에 매혹되었습니다. 성홍열을 앓고 나서 시력이 떨어졌음에도 불구하고 그는 일생동안 열렬한 독자이자 작가였습니다.

작품 초기 그는 측량사로 훈련받고 그 일을 직업으로 삼으려 했지만, 그가 하고 싶던 운하 공사는 시행되지 못했습니다. 그 당시에는 멜빌의 인생에 차질이 빚어진 듯 보였지만, 그건 뜻밖에도 그에게 꽤 좋은 결과를 가져왔습니다. 운하에서 일하는 대신 무역상의 급사가 된 것이죠. 이를 계기로 멜빌은 결국 고래잡이배를 타고 남쪽 바다로 여행을 하게 됩니다.

선원 생활을 계속하면서 멜빌은 1856년에 첫 소설 『타이피족』을 썼습니다. 바다 생활에서 영감을 받은 작품으로 많은 장면들이 자신의 경험을 바탕으로 한 것이죠.

멜빌의 삶은 그의 소설만큼이나 극적이고 흥미진진했습니다. 1847년 그는 이익 배분을 두고 선주와 선원들이 다투던 배의 반란에 가담했습니다. 이 때문에 멜빌은 타이티에서 감옥신세를 지게 되었습니다. 하지만 그는 별 어려움 없이 감옥에서 탈출했고, 이러한 경험은 이후 소설 『오무』의 소재가 되었습니다.

작가로서 이 시기에 멜빌은 은근히 자신의 소설에 대한 칭찬을 즐겼고 1850년 『모비 딕』을 발표했는데, 안타깝게도 처음에는 반응이 시들했습니다. 하지만 시간이 흐르면서, 특히 그가 죽고 난 후 이 소설의 인기는 점점 높아졌고, 지금은 가장 사랑 받는 고전 중 하나가 되었습니다.

말년에 멜빌은 병마와 두 아들의 죽음으로 고통을 받았는데, 이 두 가지 어려움에 시달리던 그는 안타깝게도 1891년 4월 세상을 떠나고 말았습니다. 그의 삶은 고달팠고 그의 작품은 그다지 큰 수입을 가져다주지 못했습니다. 하지만 오늘날 그는 언제나 미국에서 가장 훌륭한 작가 중 한 사람으로 꼽히고 있습니다.

퀴퀘그

에이허브 선장

이스마엘

스타벅

스터브

물속에 뛰어든 뒤 3~4분 후, 얼음처럼 차가운 물속에서 건장한 어깨를 드러내고 긴 팔을 앞으로 내밀며 개처럼 헤엄치는 퀴퀘그가 보였다.

나는 이 당당하고 영광스런 친구는 보았지만, 구조되어야 할 다른 사람은 볼 수 없었다.

바닷속에서 머리를 내민 퀴퀘그는 주변을 둘러보았다. 상황을 살피는 듯했고, 이윽고 다시 잠수했다...

...그리고 사라졌다!

분명 모비 딕이야!

저건 모비 딕이 아닙니다. 고래 떼예요!

보트를 내리게 해주시지요, 선장님?

보트를 내려라.

우레 같은 목소리가 울려 퍼지자마자, 사람들이 난간을 뛰어 다녔고, 보트가 바다로 내려졌다. 선원들은 보트로 뛰어 내렸다.

간격을 벌리고 바람 부는 쪽으로 저어라.

와 카-라 쿠루!

갑자기 모비 딕이 보트를 향해 몸을 굴려 파손시키지는 않고 뒤집기만 했다. 그때 에이허브가 매달릴 뱃전조차 없었다면 그는 바다로 내던져졌을 것이다.

혜지원 영한 대역 그래픽 노블 시리즈를 펴내며...

혜지원의 영한 대역 그래픽 노블 시리즈는 오랜 기간 전 세계인들에게 사랑 받아 온 고전과 위인들에 관한 이야기를 만화로 엮었습니다. 긴 시간 많은 사람들에게 읽히고 그 가치를 인정 받아 온 고전에는 재미와 빛나는 철학이 담겨 있습니다. 또한 우리는 전기를 통해 저명한 인물의 삶과 시대를 탐험해 볼 수 있습니다.

이러한 고전과 위인전을 영어와 한글 두 가지 버전으로 모두 담아 그 내용을 더욱 깊이 이해하는 한편, 영어 실력 향상도 기대할 수 있도록 했습니다. 각각의 버전을 비교해서 읽으며 영어와 한글의 차이를 느껴 보는 것도 신선한 경험이 될 것이며, 재미있게 영어를 공부하는 기회도 될 것입니다.

상상력을 자극하는 이야기들을 섬세한 그림체로 구현해낸 혜지원의 그래픽 노블 시리즈를 통해 이야기에 더욱 몰입할 수 있습니다. 어렵고 긴 내용을 읽기 편한 길이와 만화로 담아 가독성을 높였으며, 원문을 최대한 살리되 이야기를 효과적으로 전달하기 위해 노력했습니다.

혜지원의 영한 대역 그래픽 노블 시리즈를 통해 이야기가 주는 매력에 푹 빠져 보세요. 상상력의 지평이 더욱 넓어지는 놀라운 경험을 하게 될 것입니다.

와, 고래다!

향유고래

향유고래는 이빨이 있는 고래 중 가장 큽니다. 대게 회색 아니면 갈색으로 큰 머리가 몸의 3분의 2나 됩니다. 또 용연향이라 불리는 기름이 1,000리터 이상 나오죠. 이 고래의 뇌는 9kg인데 살아있는 생명체 중 가장 큽니다. 거대한 푸른 고래보다 더 크죠! 흥미롭게도, 향유고래는 해양 포유동물 중 가장 깊이 잠수하는데, 좋아하는 먹이인 대왕 오징어를 찾기 위해 약 1,200미터나 깊이 뛰어 든다고 알려져 있습니다. 고래는 이렇게 잠수하는 동안 1시간 이상 숨을 참는다고 합니다. 향유고래는 작은 무리를 지어 다니는데, 무리들끼리는 찰칵거리는 큰 소리를 내며 서로 의사소통을 합니다.

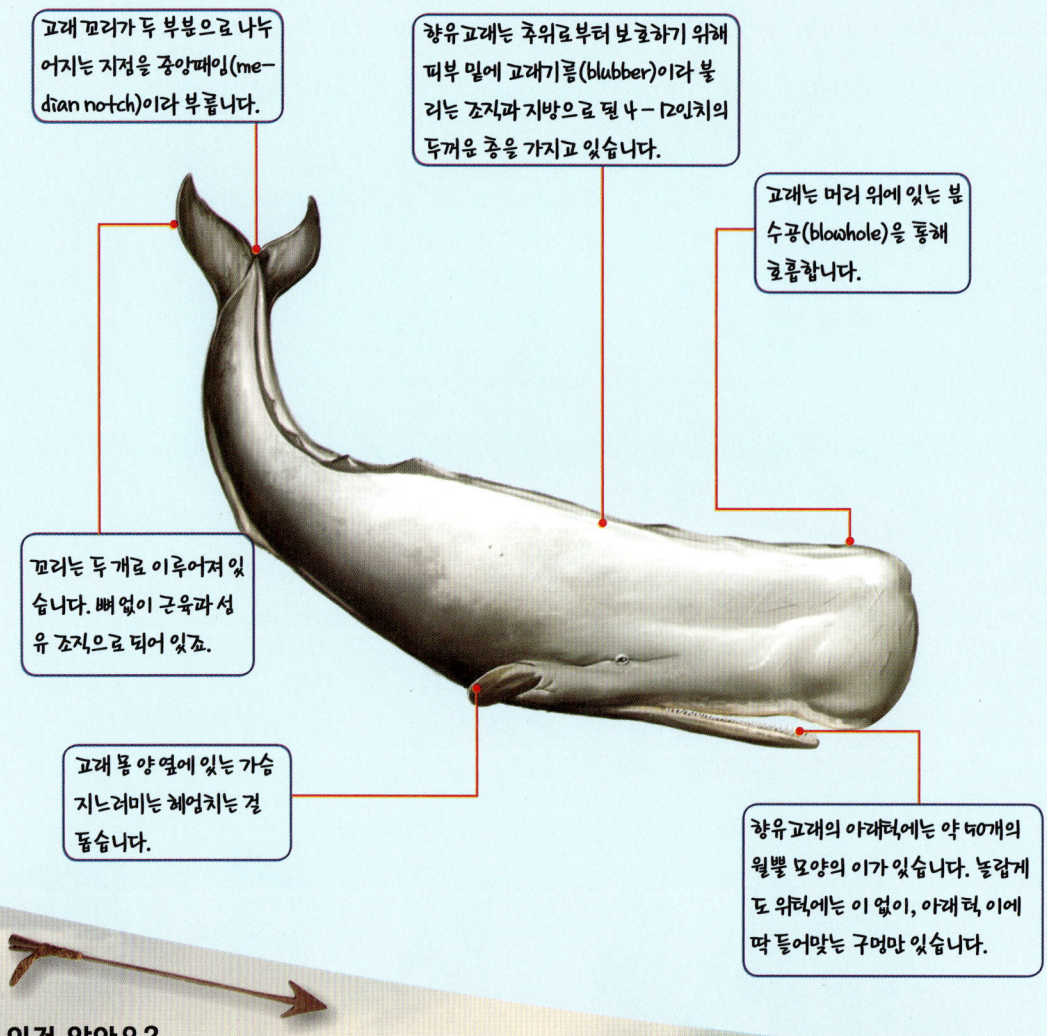

고래꼬리가 두 부분으로 나누어지는 지점을 중앙때임(median notch)이라 부릅니다.

향유고래는 추위로부터 보호하기 위해 피부 밑에 고래기름(blubber)이라 불리는 조직과 지방으로 된 4-12인치의 두꺼운 층을 가지고 있습니다.

고래는 머리 위에 있는 분수공(blowhole)을 통해 호흡합니다.

꼬리는 두 개로 이루어져 있습니다. 뼈없이 근육과 섬유 조직으로 되어 있죠.

고래 몸 양옆에 있는 가슴지느러미는 헤엄치는 걸 돕습니다.

향유고래의 아래턱에는 약 40개의 원뿔 모양의 이가 있습니다. 놀랍게도 위턱에는 이 없이, 아래턱 이에 딱 들어맞는 구멍만 있습니다.

이거 알아요?

실제로 있었던 모카 딕이라는 이름의 고래가 모비 딕의 모델이 되었다 합니다. 모카딕은 19세기 태평양에 살았던 거대한 흰 향유고래였습니다. 칠레 근처에 있는 모카 섬에서 이름을 따왔는데, 30명이 넘는 사람들을 죽이고 여러 척의 배를 파괴했다고 합니다! 모비 딕처럼, 모카 딕은 고래잡이의 셀 수 없이 많은 공격에서 탈출했고, 등에 던져진 수많은 작살에도 살아남았습니다. 결국 모카 딕은 1830년대에 죽었습니다.

19세기 고래잡이배

고래잡이, 또는 고래사냥은 19세기 영국과 미국에서 번창했습니다. 기름, 뼈, 고기는 모두 고래를 잡아 얻을 수 있는 귀중한 상품들이었지요. 특히 향유고래는 램프 연료, 향수, 초 등 다양하게 사용되는 용연향을 얻기 위해 사냥했습니다. 19세기 고래잡이배는 특별히 고래잡이를 위해 만들어진 배였습니다. 고래를 사냥하고 죽이기 위한 도구만 실은 게 아니라, 항구로 다시 돌아올 때까지 사냥한 고래를 처리하고, 저장하고, 보존하는 시설들도 갖추었지요. 사냥의 수확물에 더해, 오랜 여행을 위한 식량을 보관하기 위한 충분히 넓은 공간이 있는 큰 배였습니다.

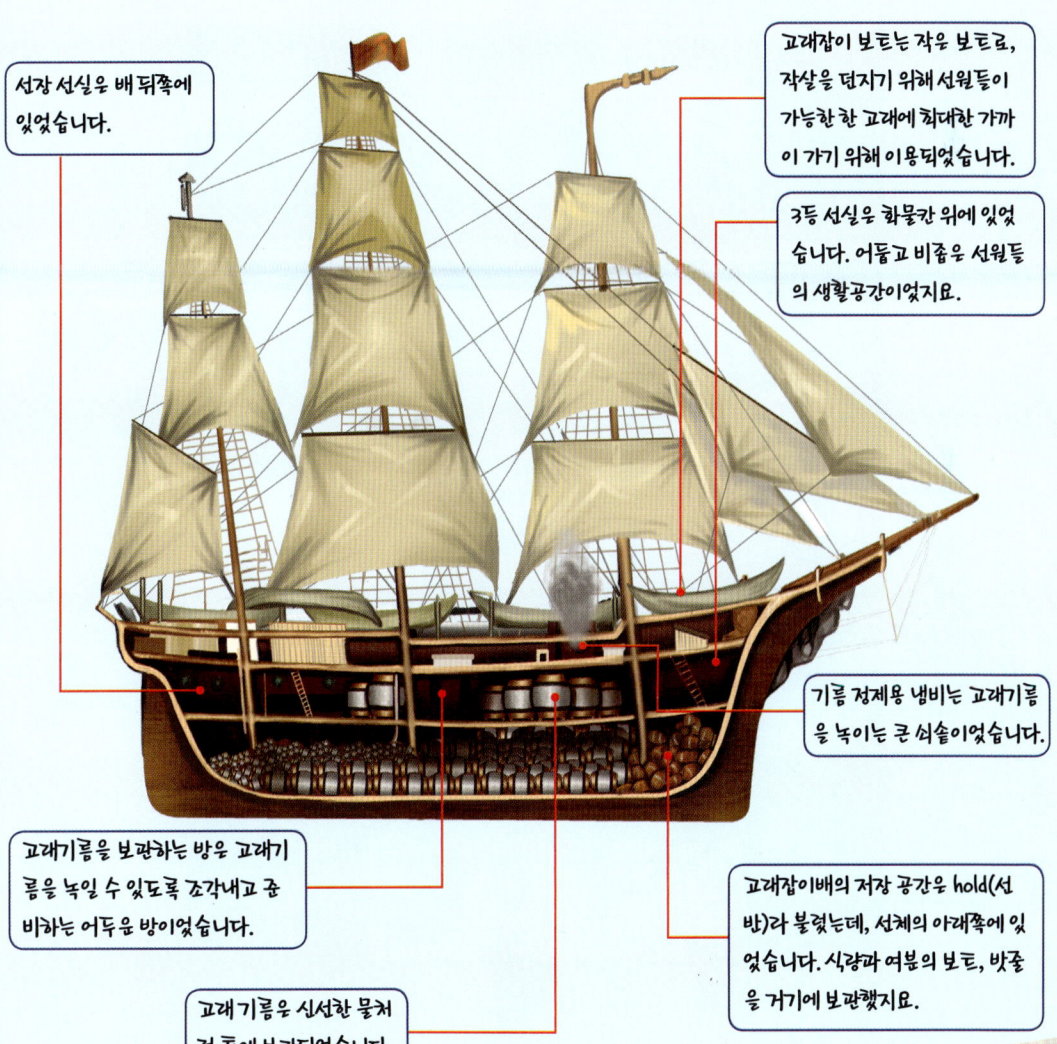

- 선장 선실은 배 뒤쪽에 있었습니다.
- 고래잡이 보트는 작은 보트로, 작살을 던지기 위해 선원들이 가능한 한 고래에 최대한 가까이 가기 위해 이용되었습니다.
- 3등 선실은 화물칸 위에 있었습니다. 어둡고 비좁은 선원들의 생활공간이었지요.
- 기름 정제용 냄비는 고래기름을 녹이는 큰 쇠솥이었습니다.
- 고래기름을 보관하는 방은 고래기름을 녹일 수 있도록 조각내고 준비하는 어두운 방이었습니다.
- 고래잡이배의 저장 공간은 hold(선반)라 불렀는데, 선체의 아래쪽에 있었습니다. 식량과 여분의 보트, 밧줄을 거기에 보관했지요.
- 고래기름은 신선한 물처럼 통에 보관되었습니다.

이거 알아요?

여가 시간에, 고래잡이배의 선원들은 향유고래의 이빨에 아름다운 그림을 새겼습니다. 이 예술품을 선원의 조각세공품이라 불렀죠. 고래 이빨 표면에 칼이나 바늘로 새긴 다음, 잉크를 발랐습니다. 대부분의 선원들은 고래 잡는 모습이나 그들이 사랑하는 사람들을 새겼습니다.

Hyejiwon English-Korean Graphic Novels Series

혜지원 영한 대역 그래픽 노블 시리즈는
여러분께 영어 학습 효과는 물론 재미와 감동까지 선사합니다.

모비딕

그것은 모두를 죽음으로 내몬 강박관념이었다.

12월의 추운 밤, 이스마엘이라는 청년이 매사추세츠에 있는 한 여관방을 빌린다. 그는 고래잡이 배를 타는 계약을 위해 맨해튼에서 미국 북동부로 왔다.

그날 밤, 이스마엘이 자고 있을 때 온몸에 문신을 한 남자가 팔을 휘두르며 방으로 들어온다. 이 우연한 만남은 그의 생에 가장 위대한 모험의 시작이었다.

다음 날, 이스마엘은 '피쿼드 호'라는 배의 선원으로 합류한다. 누더기를 걸친 사내가 그에게 다가와 에이허브 선장 밑에서 항해를 하면 다시는 돌아오지 못할 것이라고 경고한다. 이스마엘은 흔들리지 않고 다음 날 아침 일찍 파도가 휘몰아치는 바다로 떠난다.

'피쿼드 호' 선원들에게는 고래잡이 항해가 돈벌이의 하나일 뿐이다. 하지만 에이허브 선장에게 그것은 증오, 복수심, 그리고 바다에서 가장 거대한 생명체에 대한 점점 더 커져가는 강박관념에서 비롯된 임무였다.

정가 : 12,000원

ISBN 978-89-8379-712-4
(세트) ISBN 978-89-8379-710-0

그래픽 노블 시리즈
로미오와 줄리엣 정가 : 12,000원

그래픽 노블 시리즈
모비딕 정가 : 12,000원

그래픽 노블 시리즈
보물섬 정가 : 12,000원

그래픽 노블 시리즈
톰소여의 모험 정가 : 12,000원

그래픽 노블 시리즈
우주전쟁 정가 : 12,000원
영문판+한글판 **1+1**

그래픽 노블 시리즈
걸리버 여행기 정가 : 12,000원
영문판+한글판 **1+1**

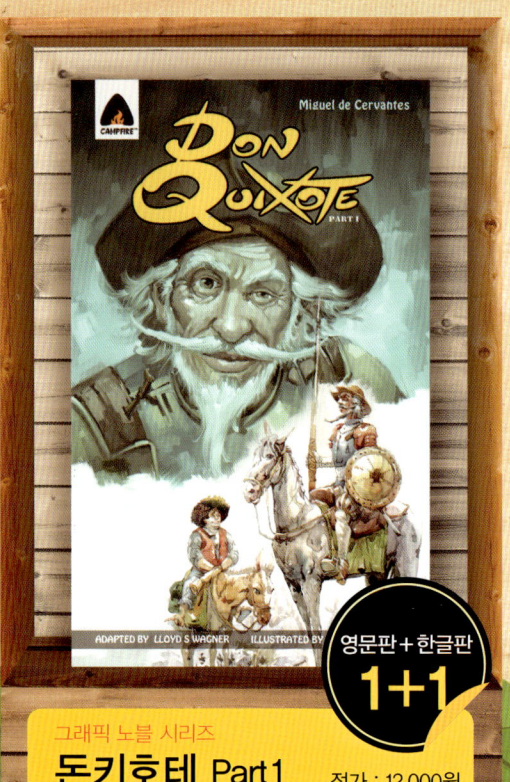

그래픽 노블 시리즈
돈키호테 Part1 정가 : 12,000원
영문판+한글판 **1+1**

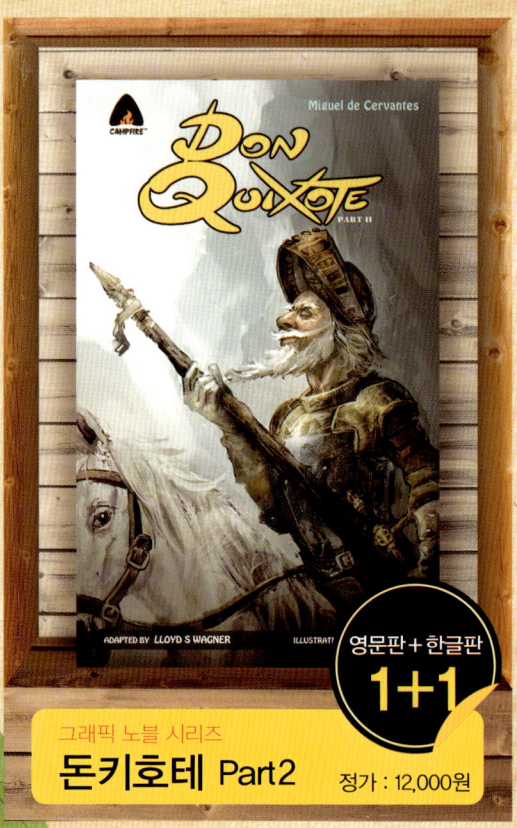

그래픽 노블 시리즈
돈키호테 Part2 정가 : 12,000원
영문판+한글판 **1+1**